AF332828

8 Lk 3 1799

Montpellier
1924

Statuts et règlement du Chapitre de la Basilique -cathédrale de Montpellier

STATUTS

ET RÈGLEMENT

DU

CHAPITRE DE LA BASILIQUE-CATHÉDRALE

DE MONTPELLIER

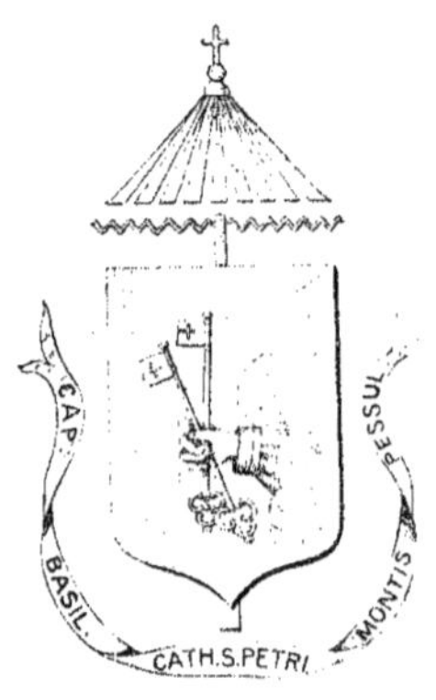

MONTPELLIER
IMPRIMERIE DE LA CHARITÉ (PIERRE-ROUGE).
1921

STATUTS
ET RÈGLEMENT

DU

CHAPITRE DE LA BASILIQUE-CATHÉDRALE

DE MONTPELLIER

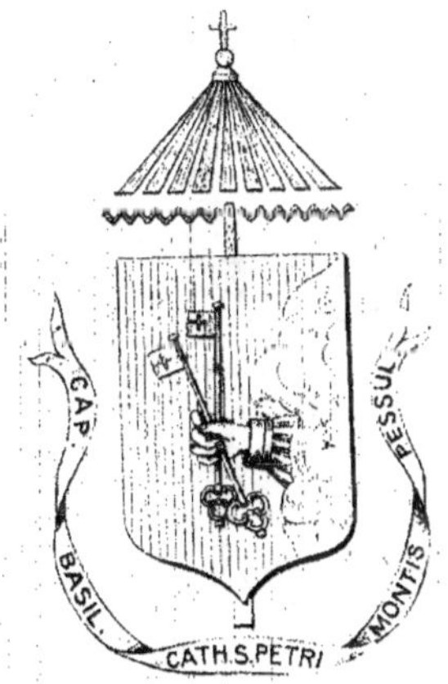

MONTPELLIER

IMPRIMERIE DE LA CHARITÉ (PIERRE-ROUGE).

1924

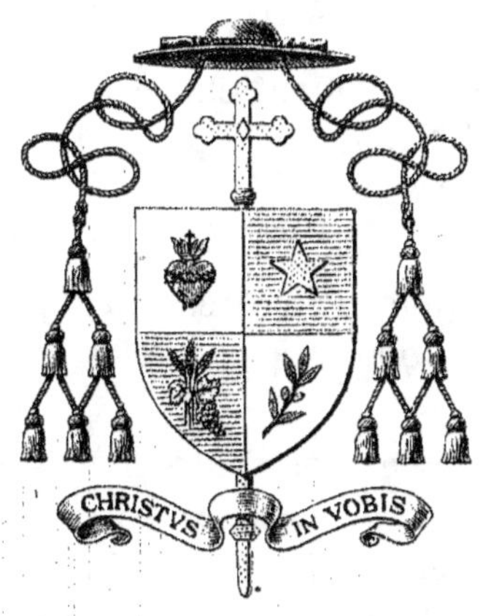

René-Pierre MIGNEN

PAR LA MISÉRICORDE DIVINE ET L'AUTORITÉ DU SAINT-SIÉGE APOSTOLIQUE

ÉVÊQUE DE MONTPELLIER

AGDE, BÉZIERS, LODÈVE ET SAINT-PONS-DE-THOMIÈRES

———

Vu le canon 410 du Code de Droit Canonique ;

Vu la lettre de la Congrégation du Concile, en date du 25 juillet 1923, Nous demandant d'inviter le Chapitre à rédiger des Statuts en conformité avec la législation du Code, et, à son défaut, Nous chargeant Nous-même de cette rédaction ;

Pour la plus grande gloire de Dieu et le bien des âmes qui Nous sont confiées,

Avons ordonné et ordonnons ce qui suit :

ARTICLE PREMIER.

Sont approuvés les nouveaux Statuts et Règlement du Chapitre de la Basilique-Cathédrale de Montpellier, joints à cette ordonnance.

Art. 2.

Ces Statuts et ce Règlement entreront en vigueur à partir du 1er septembre 1924.

Art. 3.

Aucune modification ni suppression n'y pourra être faite sans Notre autorisation ou celle de Nos successeurs.

Donné à Montpellier, en Notre Palais épiscopal, sous Notre seing, le sceau de Nos armes et le contre-seing du Chanoine Chancelier de Notre Évêché, le 28 août 1924, en la fête de saint Augustin, législateur de la prière canoniale.

† RENÉ,

Évêque de Montpellier,
d'Agde, de Béziers, de Lodève et de
Saint-Pons-de-Thomières.

Par mandement de Monseigneur :

Joseph RAFFIT,
Chanoine hon., Chancelier.

STATUTS

DU

CHAPITRE DE LA BASILIQUE-CATHÉDRALE

DE MONTPELLIER

ÉTABLIS EN CONFORMITÉ AVEC LE CODE DE DROIT CANONIQUE
SUR L'INVITATION
DE LA CONGRÉGATION DU CONCILE EN DATE DU 25 JUILLET 1923

ARTICLE PREMIER.

Le Chapitre a pour but : 1° de contribuer à la beauté et à la magnificence du culte divin dans la Basilique-Cathédrale ; 2° d'assister de ses conseils Monseigneur l'Evêque, et, durant la vacance du Siège, de le remplacer conformément aux Saints Canons, dans l'administration du Diocèse (Can. 391).

ART. 2.

Le Chapitre se compose de onze Chanoines titulaires, tous de l'ordre des prêtres. (1)

ART. 3.

Monsieur le Supérieur du Grand Séminaire diocésain, s'il n'est pas pourvu d'un canonicat, a rang de Chanoine pendant toute la durée de sa charge.

(1) Cet article met fin aux hésitations du passé, comme l'a demandé la Congrégation du Concile dans sa réponse du 28 janvier 1924, par laquelle elle refuse de fixer elle-même le nombre des Chanoines et laisse ce soin à qui de droit à l'occasion de la rédaction des nouveaux Statuts.

Dans le nombre fixé sont compris les deux Vicaires Généraux, pourvu qu'ils soient nommés à des stalles vacantes. Ils demeurent Chanoines aux conditions ordinaires d'inamovibilité des autres Chanoines.

Art. 4.

Il appartient à Monseigneur l'Evêque de nommer les Chanoines, *audito Capitulo* (Can. 403-404). Il désigne aussi ceux qui doivent remplir les fonctions de pénitencier et de théologal (Can. 409).

Art. 5.

L'installation des Chanoines se fait selon le cérémonial prévu dans le règlement du Chapitre. Elle doit précéder l'exercice de leurs fonctions (Can. 1443).

Art. 6.

Les Chanoines honoraires sont nommés par Monseigneur l'Evêque dans les conditions prévues au Canon 406. Ils ont droit de porter le rochet, le camail noir avec liseré rouge et la croix des Chanoines titulaires et d'occuper une stalle au Chœur (Can. 407, § 2).

Art. 7.

Le Doyen ou Président du Chapitre est nommé par Monseigneur l'Evêque. Il préside les délibérations capitulaires et veille à l'exécution des décisions prises. Il a la direction du Chœur; mais il laisse au Chanoine le plus digne, par conséquent à l'un ou à l'autre des Vicaires Généraux, durant l'exercice de leurs fonctions, le soin de remplacer Monseigneur l'Evêque quand Sa Grandeur est empêchée de faire un office pontifical, de le recevoir à l'entrée de la Cathédrale et de remplir les fonctions de prêtre assistant (Can. 397).

Art. 8.

Le Chapitre se réunit, délibère et statue en se conformant aux prescriptions du Droit Canonique (Can. 411).

Art. 9.

Le Chapitre se réunit : 1º chaque année, les premiers lundis de janvier et de juillet ; 2º toutes les fois que Monseigneur l'Evêque le juge utile ; 3º lorsque le Doyen le croit nécessaire ; 4º quand six Chanoines au moins le demandent. La convocation est faite par Monsieur le Doyen et, à son défaut, par le Chanoine le plus âgé.

Art. 10.

Les Chanoines titulaires ont seuls voix élective dans les délibérations capitulaires (Can. 411, § 2).

Art. 11.

Un secrétaire du Chapitre rédige le procès-verbal des séances capitulaires. Il est nommé par Monseigneur l'Evêque.

Art. 12.

Excepté les cas particuliers prévus par le Droit Canonique, aucune décision capitulaire en matière un peu importante n'est mise à exécution avant l'approbation de Monseigneur l'Evêque.

Art. 13.

Le Chapitre désigne au choix de Monseigneur l'Evêque le Chanoine qui doit remplir la charge de Trésorier dans la gestion de ses biens et fondations. Il se choisit lui-même deux Chanoines appelés « punctatores », chargés de marquer les présences en vue des distributions manuelles (Can. 395, § 4). Ceux-ci font serment de s'acquitter fidèlement de leurs fonctions. Quant à l'administration des biens et revenus destinés à l'entretien de la Cathédrale et à l'exercice du Culte, elle appartient à Monseigneur l'Evêque assisté du Chapitre et formant avec lui le Conseil de Fabrique de la Cathédrale, qui se choisit un trésorier comptable (Can. 1182).

Art. 14.

Le Chapitre a un Maître de Cérémonies, nommé par Monseigneur l'Evêque, qui veille sur tout ce qui concerne la décence, la régularité du service divin, le chant et l'ordre des cérémonies ; il désigne d'avance ceux de Messieurs les Chanoines devant remplir les diverses fonctions sacrées.

Art. 15.

L'Office se célèbre toujours au Chœur de la Cathédrale ou au choretto, aux heures prévues dans le règlement du Chapitre. Il est rigoureusement interdit d'en supprimer une partie, même les Complies des Dimanches et des jours de fête, soit habituellement soit transitoirement, sans y être autorisé par un indult pontifical (Can. 413). Pour un changement d'heure, il faudrait une entente préalable des Chanoines et l'autorisation de Monseigneur.

Art. 16.

L'habit de Chœur des Chanoines prévu par le Bref Apostolique du 23 juillet 1847 et celui du 4 mai 1856, comprend le rochet, une cappa dont le chaperon doit être en poil gris pendant l'hiver, et pendant l'été en soie violette avec une bordure en poil gris, et la croix suspendue sur la poitrine par un ruban de soie rouge et violet.

Art. 17.

La résidence, qui crée le droit aux émoluments, consiste pour Messieurs les Chanoines dans l'assistance au chœur. Ils doivent y être revêtus de leur habit canonial (Can. 409, § 1). Les jours d'absence ne doivent pas dépasser trois mois dans l'année ; et encore toute absence leur est-elle interdite en Carême et en Avent et les jours où Monseigneur l'Evêque pontifie en sa Cathédrale. Pour s'absenter en cette occurrence, il faudrait une juste cause et l'autorisation de Sa Grandeur. Le nombre des absents ne doit jamais dépasser le tiers des Chanoines (Can. 414 et 418).

Art. 18.

Un devoir spécial des Chanoines est d'assister Monseigneur l'Evêque quand il officie pontificalement ou remplit d'autres fonctions pontificales dans sa Basilique-Cathédrale ou même dans quelque autre église de la ville ou de la banlieue. Selon les circonstances, ils viennent l'attendre à la porte de la Cathédrale et l'y reconduisent après la cérémonie (Can. 412, § 1).

ART. 19.

A tour de rôle, deux Chanoines assistent Monseigneur l'Evêque, soit pendant la messe, soit pendant les vêpres ou les autres offices auxquels est présente Sa Grandeur. Ils l'accompagnent à son entrée et à sa sortie (Can. 412 § 2).

ART. 20.

Tous les membres du Chapitre, sans aucune exception (sauf les cas de maladie ou infirmité), président l'Office à leur tour, selon l'ordre du tableau, chacun pendant une semaine entière ; ils chantent la messe capitulaire du Dimanche et célèbrent la messe quotidienne. Ils peuvent se faire remplacer par le prêtre-sacriste, en lui payant la rétribution convenue, pour la messe quotidienne, pour la grand'messe et les vêpres des dimanches et des fêtes

ART. 21.

La messe capitulaire est appliquée pour les bienfaiteurs du Chapitre et de la Cathédrale, tous les dimanches et les jours déterminés par un indult. Ces messes sont, en outre des dimanches, au nombre de seize. L'application de ces messes est personnelle au Chanoine de semaine (Can. 417).

ART. 22.

La messe capitulaire chantée en présence de Monseigneur l'Evêque assistant pontificalement au trône, est toujours célébrée par un Chanoine.

ART. 23.

Messieurs les Chanoines honoraires résidant à Montpellier, sont tenus d'assister aux Offices pontificaux de la

Cathédrale, sauf empêchement pour cause de maladie ou service particulier.

ART. 24.

La préséance des Chanoines est réglée par le Canon 408. Entre eux, ils gardent l'ordre d'ancienneté, tout en laissant les deux premières places aux Vicaires Généraux durant l'exercice de leurs fonctions.

ART. 25.

Une partie du traitement alloué aux Chanoines est transformée en distributions manuelles qui reviennent aux Chanoines présents aux Offices, selon que le Droit l'ordonne (Can. 420).

ART. 26.

Messieurs les Chanoines titulaires malades ou infirmes reçoivent intégralement les allocations manuelles. Les cas où celles-ci, ainsi que les émoluments fixes, reviennent ou non aux Chanoines absents, sont prévus aux Canons 420-421-422.

ART. 27.

Le Chapitre remplit les fonctions pastorales dans la sépulture des Chanoines de la Cathédrale. Dans ce cas, il n'est dû aucun casuel ni aucune rétribution, ni au curé ni au clergé présent.

ART. 28.

Dès que le Siège épiscopal devient vacant, soit par la mort du titulaire, soit par démission ou translation, soit par toute autre voie canonique, le droit et le devoir du Chapitre convoqué par son Doyen est, dans le délai de huit jours, de nommer le Vicaire Capitulaire, chargé de gouverner le Diocèse, le Chapitre étant constitué par le Saint Concile de Trente, dépositaire de la juridiction ordinaire (Can. 432).

Art. 29.

Le Chapitre se conformera aux prescriptions du Code de Droit Canonique pour tout ce qui n'est pas réglé par les présents Statuts. Il s'inspirera des prescriptions très nettes qui fixent les droits et les devoirs du Chapitre et du Chanoine Archiprêtre et que le Canon 415 énumère. Il contribuera ainsi à maintenir la bonne harmonie qui doit exister entre ceux qui exercent un ministère ecclésiastique dans la Basilique-Cathédrale.

Art. 30.

Les présents Statuts seront transcrits *in-extenso* sur le registre capitulaire. Il en sera fourni un exemplaire à chacun de Messieurs les Chanoines présents et futurs, et tous seront tenus de les observer fidèlement. Aucune modification n'y pourra être apportée sans l'autorisation épiscopale.

RÈGLEMENT

DU

CHAPITRE DE LA BASILIQUE-CATHÉDRALE

DE MONTPELLIER [1]

I. — INSTALLATION DES CHANOINES.

Tout nouveau Chanoine doit rendre visite à chacun de MM. les Chanoines titulaires. Avec M. le Doyen du Chapitre il détermine le jour et l'heure de sa prise de possession. Au début de cette cérémonie, dans la salle et en assemblée capitulaires, il remet son titre à M. le Doyen, qui en donne lecture. Le récipiendaire promet alors d'observer les statuts et règlements du Chapitre ; il est revêtu de ses insignes et de son habit canonial ; il lit sa profession de foi et prête le serment anti-moderniste. A la fin de la cérémonie et de l'Office, il signe le procès-verbal d'installation dressé par le Chanoine Secrétaire et contresigné par tous les Chanoines présents.

1° **Pour les Chanoines titulaires,** l'installation a lieu avant la messe capitulaire ou avant l'Office du soir. C'est le Doyen qui revêt le récipiendaire de son costume et de ses insignes et procède à son installation.

Accompagné par son installateur, celui-ci fait une prière au pied de l'autel, puis en gravit les degrés et le baise. Il est conduit de là à sa stalle, d'où s'étant relevé, il va donner le baiser de paix à tous les Chanoines, en commençant du

---

(1) Ce règlement a pour but d'appliquer et de compléter les Statuts et non d'en répéter les dispositions.

côté du plus digne. Ensuite, lui-même célèbre la messe ou préside l'Office.

Les frais de Chancellerie sont de 12 francs pour le Secrétariat de l'Evêché, de 25 francs pour les employés de la Cathédrale et de 23 francs pour la Caisse du Chapitre.

2º **Pour les Chanoines honoraires,** c'est le Maître des Cérémonies du Chapitre qui revêt le nouveau chanoine de son habit canonial et qui l'installe en le conduisant directement à une stalle du Chœur.

Les frais de Chancellerie sont de 6 francs pour le Secrétariat de l'Evêché, de 10 francs pour les employés et de 14 francs pour la Caisse du Chapitre.

II. — COSTUME DES CHANOINES.

On revêt le costume d'hiver depuis les premières Vêpres de la Toussaint jusqu'après les Vêpres du Samedi Saint ; le costume d'été depuis les Complies du Samedi Saint jusqu'après None du 31 octobre.

III. — QUELQUES OBLIGATIONS DES CHANOINES.

1º Le Chanoine **hebdomadier** doit appliquer la messe pour les bienfaiteurs du Chapitre et de la Cathédrale. Cette obligation lui est personnelle et lui incombe même lorsqu'il ne célèbre pas lui-même la messe capitulaire. Elle lui incombe tous les dimanches et les jours suivants : Noël, Circoncision, Epiphanie, Lundi de Pâques, Ascension, Lundi de la Pentecôte, Fête-Dieu, Immaculée-Conception, Nativité, Purification, Annonciation, Assomption de la B. V. Marie, Nativité de Saint Jean-Baptiste, Saints Pierre et Paul, la Toussaint et Saint Etienne, 1er martyr.

La semaine du Chanoine hebdomadier commence aux Vêpres du Samedi et se termine à None du Samedi suivant.

Durant sa semaine, il célèbre la messe capitulaire et les services qu'il faudrait célébrer après Prime, il préside la récitation de l'Office (sauf les exceptions ci-dessous) et il officie aux processions et aux Saluts du Saint-Sacrement qui suivent les Offices qu'il a présidés.

En son absence, il est remplacé par le Chanoine sorti de semaine ou par le plus ancien des Chanoines présents. Pour la messe, il peut aussi se faire remplacer par le prêtre-sacriste, en tenant compte de l'exception prévue à l'art. 22 des Statuts.

2° Le Chanoine **sorti de semaine** officie aux Petites Heures, et pendant le Carême, aux Vêpres quand elles sont récitées après la messe capitulaire.

En son absence, il est remplacé par le plus ancien des Chanoines présents.

3° Le Martyrologe est lu à Prime par **le plus récent** des Chanoines présents. Il est chanté la veille de Noël et le jour de Pâques.

IV. — CHARGES DANS LE CHAPITRE

1° Le **Doyen**. — Le Doyen, outre son rôle dans les réunions capitulaires (Art. 7 et 9 des Statuts), exerce le contrôle et assure l'ordre durant los offices du Chapitre ; il installe les Chanoines titulaires ; il administre les derniers Sacrements à l'Evêque diocésain en présence du Chapitre.

2° Le **Théologal**. — Sa fonction est de pourvoir à la prédication solennelle, quand Mgr l'Evêque l'y invite.

3° Le **Pénitencier**. — Il reçoit, sans pouvoir la déléguer, la juridiction ordinaire pour absoudre partout les diocésains et dans le diocèse les étrangers, même des cas réservés à Monseigneur l'Evêque.

4° Le **Curé-Archiprêtre** (Voir paragraphe suivant).

5° Le **Maître des Cérémonies**. — Avec le concours du prêtre-sacriste, il remplit les fonctions désignées à l'art. 14 des Statuts et veille à l'exécution des chants pendant les offices capitulaires, ainsi qu'à l'ordre et à la décence du Chœur et de la Sacristie des Chanoines.

Pendant que les élèves du Grand Séminaire sont en vacances, il est chargé de trouver les ministres nécessaires à la décente célébration des offices du Chapitre. Durant ces vacances, au moins les jours où Monseigneur l'Evêque assiste à la Grand'Messe, à défaut des séminaristes ou d'autres prêtres, les fonctions de diacre et de sous-diacre incomberaient à MM. les Chanoines titulaires, à tour de rôle, en commençant par les plus récemment nommés, conformément au Canon 416, et sauf les exceptions qui y sont prévues.

6º **Le Trésorier du Chapitre.** — Il gère les fonds du Chapitre, assure l'acquit des fondations capitulaires, le paiement des traitements et des distributions manuelles, d'accord avec les « punctatores ».

7º **Les deux chanoines Pointeurs.** — Ils font la « pointe » : le matin, après le Kyrie de la messe capitulaire, et le soir, après le 1er psaume de Complies, et déterminent la part de chaque chanoine dans les distributions manuelles.

8º **Le Secrétaire.** — Il rédige le procès-verbal des séances capitulaires.

9º **Le Trésorier de la Fabrique.** — Il reçoit toutes les quêtes, offrandes et ressources que le Droit ne réserve pas au Chanoine Archiprêtre, et il règle toutes les factures et dépenses selon les prévisions du budget.

V. — LE CHANOINE ARCHIPRÊTRE
SES RAPPORTS AVEC LE CHAPITRE.

§ 1. — Obligations et privilèges.

Chanoine, M. l'Archiprêtre de la Cathédrale a, au Chœur et dans les assemblées capitulaires, son rang de nomination au Canonicat. Il doit faire sa semaine à son tour, et de plus, chanter la messe capitulaire du jour de la Circoncision, du jour des Cendres, du Dimanche des Rameaux, du Samedi-Saint, de la Vigile de la Pentecôte, du jour des morts et de la Nuit de Noël ; enfin, présider les Vêpres et la Procession du deuxième Dimanche de la Fête-Dieu.

Il ne peut s'attribuer aucun autre droit et fonction que ce qui est expressément déterminé dans le présent règlement ou qui serait autorisé par les règlements épiscopaux ultérieurs.

Archiprêtre, il jouit des droits, fonctions et privilèges concédés aux Archiprêtres par les Statuts diocésains.

Curé, il doit remplir toutes les obligations pastorales rappelées par les Canons 415 et 462. Il doit notamment appliquer la messe *pro populo*, conformément aux Indults diocésains, sans préjudice des charges de Chanoine hebdomadier, quand elles lui incombent ; — assurer l'instruction des fidèles et l'administration des Sacrements, le service des funérailles et le soin des pauvres.

Sans doute le Chapitre doit veiller à l'observation des règles liturgiques dans les Offices célébrés par M. l'Archiprêtre (Can. 415, § 3), mais ce dernier n'est responsable que vis à vis de Mgr l'Evêque, dans l'exercice de ses devoirs pastoraux.

M. l'Archiprêtre peut être nommé trésorier de la Fabrique de la Cathédrale.

§ 2. — Rapports avec le Chapitre à propos des Offices.

Le Chapitre a le droit de conserver ses heures pour l'Office divin. Le Chanoine Archiprêtre devra les respecter. Mais le Chapitre pourra condescendre aux désirs de l'Archiprêtre et devra même s'y rendre, si l'autorité épiscopale intervient, dans le cas où un intérêt majeur paroissial demanderait un changement exceptionnel. Le Chapitre, du reste, ne pourra jamais changer les heures de ses Offices sans une permission de Mgr l'Évêque.

Autant que possible on évitera de placer les convois aux heures de l'Office et, si l'on est forcé de le faire, les prières seront récitées à voix basse.

Les messes basses qui seraient dites pendant l'Office et la messe capitulaires, ne seront jamais sonnées et on n'y tintera pas la clochette.

En toute circonstance, ce qui se ferait alors par nécessité dans la Basilique-Cathédrale devrait porter le sceau du respect dû à la prière publique, dont le Chapitre est chargé.

Le prône aura lieu à la Grand'Messe aux jours prévus par les Statuts diocésains, et par les soins du Chanoine Archiprêtre. On n'y annoncera pas ordinairement ce qui doit se faire dans les autres églises, à moins qu'il s'agisse d'œuvres diocésaines ou d'intérêt général.

Pendant les Offices célébrés par le Chapitre et pour tout ce qui regarde la célébration de ces Offices, l'autorité à l'Eglise et à la Sacristie, notamment sur les officiers et employés, appartient au Chapitre qui ne devra cependant rien régler, établir ou innover sans l'agrément de l'autorité épiscopale. L'ordre est assuré par le président du Chœur, quel qu'il soit et non par le Chanoine hebdomadier ou officiant.

Pour les Offices paroissiaux, M. le Chanoine Archiprêtre a autorité sur les officiers, les servants de messe et les employés de l'église, sous la réserve des droits du Chapitre, des égards dus aux Chanoines et de la dépendance entière de l'autorité épiscopale.

En aucun cas ne doit être réitérée la célébration des Offices divins, cérémonies ou prédications, présidés par le Chapitre, sous prétexte de les faire pour la paroisse. Ainsi la messe capitulaire des dimanches et des fêtes est aussi la Grand'Messe paroissiale.

Quant aux Offices et cérémonies auxquels le Chapitre n'assiste pas, c'est au Chanoine Archiprêtre de les organiser avec l'agrément de Mgr l'Évêque, et d'en régler l'ordre et les chants.

L'autel du Chœur est réservé aux offices pontificaux et capitulaires. On n'y célèbre pas les messes privées ou paroissiales. M. l'Archiprêtre a cependant le droit d'y faire les cérémonies suivantes :

1º Mariages de 1re, 2e et 3e classe (les autres classes se célèbrent dans les chapelles);

2º Obsèques de 1re, 2e, 3e et 4e classe (pour adultes) ;

3º Saluts qui suivent les prédications de Carême, soit à 3 heures du soir (le vendredi), soit à 8 heures (les mardis et jeudis);

4º Messes solennelles demandées par la Croix-Rouge ou diverses Sociétés (le Prêt-Gratuit, le 25 mars), le Souvenir français (dans l'Octave des Morts) ;

5º Retraites et cérémonies de la Première Communion pour la Paroisse — ou le Lycée ;

6º Confirmation pour le Lycée et la Paroisse.

§ 3. — **Quêtes**

Les **quêtes** sont toujours faites par les soins de M. le Chanoine Archiprêtre.

La quête pour la célébration des messes à l'intention des âmes du Purgatoire est faite aux messes de 6 heures et 7 heures les dimanches et fêtes, ainsi qu'aux messes des jours ordinaires et aux divers services pour les défunts. Le produit de ces quêtes et de celle pour les pauvres (le 4e dimanche de Carême) est remis à M. le Chanoine Archiprêtre.

Les quêtes faites aux autres messes du dimanche et à tous les offices traditionnels de l'après-midi ou du soir, sont pour l'entretien du culte ou aux intentions fixées par Mgr l'Évêque. Le produit en est remis à M. le Chanoine trésorier de la Fabrique qui fournit le luminaire nécessaire à ces diverses cérémonies.

Aucune quête ne peut être faite ou autorisée par M. le Chanoine Archiprêtre sans la permission expresse de Sa Grandeur.

Nota. — Mgr l'Evêque se réserve d'interpréter, en cas de difficultés, toutes les prescriptions sus-énoncées, comme d'y apporter les modifications qu'il jugera nécessaires.

VI. — LE PRÊTRE-SACRISTE

Le prêtre, nommé par Mgr l'Evêque sacriste de la Cathédrale, remplace, quand il y est invité, le Chanoine hebdomadier pour la célébration de la messe capitulaire, de la Grand'Messe et des Vêpres des Dimanches et Fêtes.

Sous l'autorité du Chanoine Maître de Cérémonies, il doit :

1º Veiller à la propreté de la Cathédrale et de la Sacristie du Chapitre, à l'ornementation des autels, à l'entretien des ornements et linges d'église, à la garde des vases sacrés ;

2º Faire disposer, avant les offices, en particulier avant les offices pontificaux, les ornements nécessaires aux divers Chanoines ou officiers employés dans la cérémonie ;

3º Préparer le chant et les cérémonies pour les messes et offices chantés des dimanches et des fêtes.

VII. — OFFICES CAPITULAIRES

§ 1. — **Offices quotidiens**

L'**Office** canonial est récité chaque jour en entier par le Chapitre. Mais un indult renouvelable tous les cinq ans dispense de la récitation des Matines et des Laudes du lendemain, les soirs de dimanche et fêtes célébrées comme le dimanche. Toute autre suppression, même d'une Petite

Heure, est rigoureusement interdite, malgré la coutume contraire qui est réprouvée. Il est également défendu de réciter l'office pendant la messe capitulaire.

La **Messe** capitulaire est toujours chantée le dimanche. En semaine, elle peut n'être que lue, en vertu de l'indult ci-dessus.

Un autre indult pontifical, également renouvelable, dispense le Chapitre de l'obligation d'une seconde messe au Chœur, le jour où la rubrique le prescrit.

Le **dimanche**, l'office commence à 9 heures 45' par la récitation de Prime et de Tierce. La Grand'Messe est chantée à 10 heures et suivie de la récitation de Sexte. On dit None à 3 heures avant le chant des Vêpres, et les Complies après le Salut du Saint-Sacrement. Les jours de messe pontificale ou lorsque Monseigneur l'Evêque assiste pontificalement, on chante sous la présidence de Sa Grandeur, la Petite Heure qui précède immédiatement la Grand'Messe.

Pendant **la semaine**, la récitation de Prime et de Tierce a lieu à 8 heures 45'. Elle est suivie de la messe capitulaire et de la récitation de Sexte et de None. L'office du soir comprend Vêpres, Complies, Matines et Laudes. La récitation de ces heures est fixée à 3 heures 15', du 1er octobre à Pâques, et à 4 heures, de Pâques au 30 septembre.

§ 2. — Expositions et Saluts du Saint-Sacrement.

Voici le tableau des Expositions et Saluts du Saint-Sacrement auxquels participe le Chapitre :

Expositions : Les trois jours des XL heures, de 6 heures du matin jusqu'après l'office canonial du soir ;

Le jour de la solennité du Très Saint Sacrement après la procession qui suit la Grand'Messe, et tous les jours de la semaine suivante, de 6 heures du matin jusqu'après l'office canonial du soir ;

Le jour de l'Adoration perpétuelle.

Saluts : Après l'office capitulaire ou après les Vêpres chantées :

Les dimanches et jours de fête célébrés comme le dimanche ;

Le 31 décembre et chaque fois que Monseigneur l'Evêque l'ordonne.

§ 3. — **Prédications**.

Les prédications ordinaires auxquelles assiste le Chapitre ont lieu les dimanches de l'Avent, les jours de Noël, de l'Epiphanie et de la Dédicace, les dimanches de la Quinquagésime et du Carême, les jours de Pâques, de Sainte Jeanne d'Arc, de l'Ascension, de la Pentecôte, du Sacré-Cœur, des Saints Pierre et Paul et de la Toussaint.

Les prêtres chargés de ces prédications, ainsi que des autres sermons du Carême, sont choisis par le Chanoine Archiprêtre, avec l'approbation chaque fois répétée de Monseigneur l'Evêque.

§ 4. — **Offices particuliers à certains dimanches et à certaines fêtes**.

1. **Circoncision**. — La Messe capitulaire de ce jour est chantée par le Chanoine Archiprêtre ; mais le Chanoine hebdomadier est tenu d'appliquer la Messe pour les Bienfaiteurs. Elle est précédée du chant du *Veni Creator* avec les ℣. et or. du Saint-Esprit, et suivie du chant du *Salve Regina* avec le ℣. *Ora pro nobis* et l'Oraison *Concede nos*, de Beata.

2. **Epiphanie.** — Le jour de l'incidence, 6 janvier, le Chanoine hebdomadier applique la Messe pour les Bienfaiteurs du Chapitre.

Le dimanche de la solennité, Monseigneur l'Evêque assiste au trône à la Grand'Messe et pontifie aux Vêpres.

La Messe capitulaire est chantée par le Chanoine hebdomadier. Après l'Evangile, on chante l'Annonce solennelle des fêtes mobiles de l'année liturgique.

3. Purification de la T. S. Vierge. — La Grand'Mess e est précédée de la bénédiction des cierges et de la procession présidée par Monseigneur l'Evêque. En l'absence de Sa Grandeur, cette bénédiction est faite par le Chanoine qui chante la Messe (à l'intention des Bienfaiteurs).

4. Dédicace de la Basilique-Cathédrale. — Monseigneur l'Evêque assiste pontificalement à la Messe capitulaire chantée par le Chanoine hebdomadier. Sa Grandeur pontifie aux Vêpres et encense les Croix des piliers de l'Eglise.

5. Les trois jours de XL Heures. — Le T. S. Sacrement est exposé depuis 6 heures du matin jusqu'après l'office canonial du soir. Il y a sermon aux Vêpres le dimanche de la Quinquagésime. L'Adoration du T. S. Sacrement est faite en dehors des Offices par les membres du Chapitre et les prêtres attachés au service de la Cathédrale, d'après le tableau dressé par le Maître des Cérémonies.

6. Mercredi des Cendres. — Les Petites Heures sont récitées à 9 h. 1/2.

A 10 heures, Bénédiction solennelle et Imposition des Cendres par Monseigneur l'Evêque ou, en l'absence de Sa Grandeur, par l'officiant de la Messe, qui est ce jour-là le Chanoine-Achiprêtre.

7. Carême. — Le Chapitre n'assiste en corps aux sermons du Carême que le dimanche. Ces prédications ont un caractère paroissial les autres jours, et Monsieur l'Archiprêtre en organise le mode et le chant.

8. Dimanche des Rameaux. — Pendant la Semaine Sainte, le Chanoine hebdomadier préside les Offices, excepté dans les circonstances ci-après énoncées :

Le Dimanche des Rameaux, à 9 heures, Récitation de Prime et de Tierce ; 9 h. 1/4, Bénédiction solennelle des Rameaux et Procession présidées par Monseigneur l'Evêque.

La messe capitulaire est chantée par le Chanoine Archiprêtre ; il fait la bénédiction des Rameaux, en l'absence de Monseigneur l'Evêque.

Les Vêpres de ce jour et les Offices des lundi, mardi et mercredi saints sont célébrés par le Chanoine hebdomadier.

9. **Mercredi Saint**. — A 3 h. 1/4, après la récitation des Complies, chant de l'Office des Ténèbres présidé par le plus digne des Chanoines assistants.

10. **Jeudi Saint**. — A 8 h., récitation des Petites Heures. A 8 h. 1/4, Messe pontificale, suivie de la récitation des Vêpres et du dépouillement des autels. A 2 h., visite des églises. Au retour, cérémonie du *Mandatum* : Monseigneur l'Evêque est assisté par le diacre et le sous-diacre d'office de la Messe de ce jour.

Après la récitation des Complies, chant de l'Office des Ténèbres, présidé par le plus digne des Chanoines assistants. A 7 h. du soir, le chant du *Stabat* : c'est une cérémonie paroissiale, à laquelle le Chapitre n'assiste pas en corps : elle est présidée par le Chanoine Archiprêtre, qui est chargé de l'organiser.

11. **Vendredi Saint**. — A 9 h., récitation des Petites Heures suivies de l'Office du matin célébré par le Chanoine en semaine. Cet office se termine par la récitation des Vêpres.

A 2 h. 1/2, Exercice paroissial du chemin de la Croix. Après cet exercice, vers 3 h. 1/4, récitation des Complies et chant de l'Office des Ténèbres, présidé par le plus digne des Chanoines présents.

A 8 h., prédication de la Passion : le Chapitre n'assiste pas en corps à cette prédication.

12. **Samedi Saint**. — A 8 h., récitation des Petites Heures. A la suite, vers 8 h. 1/4, Office du matin : bénédiction du feu, du cierge pascal, prophéties, bénédiction des Fonts, Grand'Messe et Vêpres.

L'office de ce jour est célébré par le Chanoine Archiprêtre.

A 4 h., on revêt le costume d'été ; Complies et Office de Pâques.

13. **Le saint jour de Pâques.** — A Prime, on chante le Martyrologe. Office pontifical.

Il y a bénédiction papale après la Messe pontificale.

14 **Les lundi et mardi de Pâques.** — Les offices ont lieu comme le dimanche. Le lundi, la Messe capitulaire est appliquée pour les Bienfaiteurs.

15. — Le 19 mars, fête de **saint Joseph** et le 25 mars, fête de l'**Annonciation,** les offices ont lieu comme le dimanche.

Toutefois, la Messe capitulaire n'est appliquée pour les Bienfaiteurs que le 25 mars et non le 19.

Lorsque ces fêtes se célèbrent en Carême, on ne chante pas les Vêpres ; elles se récitent à la suite des Petites Heures, après la Messe capitulaire. Le Salut du T. S Sacrement est donné après la récitation des Complies.

Lorsque ces fêtes se célèbrent après Pàques : on chante Vêpres précédées de None, à 3 heures ; elles sont suivies de la Bénédiction du T. S. Sacrement.

16. **Saint Marc.** — *Procession des Grandes Litanies.* — La récitation des Petites Heures commence à 9 h. 1/4.

La procession de ce jour est générale. Elle est présidée par le Chanoine hebdomadier.

17. **Rogations.** — Il en est de même les trois jours des Rogations.

18. **Ascension de N. S. J.-C.** — Mgr l'Evêque assiste pontificalement à la Grand'Messe, chantée par le Chanoine hebdomadier. Les Vêpres sont pontificales. La Messe capitulaire doit être appliquée pour les Bienfaiteurs.

19. **Vigile de la Pentecôte.** — La récitation des Petites Heures commence à 9 h. 1/4.

L'office du Matin, la Bénédiction des Fonts et la Grand'-Messe sont célébrés par le Chanoine Archiprêtre.

20. Pentecôte. — Office pontifical.

21. Les Lundi et Mardi de la Pentecôte, les Offices ont lieu comme le dimanche. Mais la Messe est appliquée pour les Bienfaiteurs le lundi seulement.

22. Fête-Dieu. — Le jeudi de la Fête-Dieu, la Messe capitulaire est appliquée pour les Bienfaiteurs.

Le dimanche de la solennité, on récite Prime à 9 h. 1/4, suivie du chant de Tierce et de la Messe Capitulaire à laquelle Monseigneur l'Evêque assiste pontificalement ; Sa Grandeur préside la procession générale qui suit.

La Messe capitulaire est chantée par le Chanoine hebdomadier.

Tous les jours de l'Octave, exposition du T. S. Sacrement depuis 6 heures du matin jusqu'après l'Office canonial du soir.

L'adoration du T. S. Sacrement est faite par les membres du Chapitre et tous les prêtres attachés à la Cathédrale, d'après un tableau dressé par le Maître des Cérémonies.

23. Fête du Sacré-Cœur. — Messe pontificale à 10 heures. Le soir, à 8 heures, la procession est présidée par Monseigneur l'Evêque.

24. Dimanche après l'Octave de la Fête-Dieu. — Les Vêpres sont chantées par le Chanoine Archiprêtre. Il préside la procession qui clôture l'Octave du T. S. Sacrement.

25. Saint Jean-Baptiste, fête célébrée comme le dimanche. La Messe capitulaire est appliquée pour les Bienfaiteurs.

Les Vêpres sont chantées, suivies de la Bénédiction du T. S. Sacrement.

26. Saint Pierre. — La Messe capitulaire du 29 juin est appliquée pour les Bienfaiteurs.

Le dimanche de la solennité, Office pontifical. Après le sermon qui suit les Vêpres, Procession des SS. Apôtres, en mémoire du passage du B. Pape Urbain II à Maguelone. Vénération de la Relique de saint Pierre.

27. Assomption de la Sainte Vierge. — Si Monseigneur l'Evêque est présent, assistance pontificale. La Messe capitulaire, qui est appliquée pour les Bienfaiteurs, est chantée par le Chanoine hebdomadier. Après les Vêpres pontificales, procession générale du Vœu de Louis XIII, présidée par Sa Grandeur ou par le Chanoine le premier en dignité.

28. Saint Roch. — Le 16 août, les offices ont lieu comme le dimanche. On garde les heures des offices en semaine.

29. — Les solennités patronales de **Notre-Dame des Tables** et de **Saint-Firmin** sont renvoyées au dimanche qui suit leur fête.

30. — Le 8 septembre, **Nativité de la B. V. Marie**, fête célébrée comme le dimanche, avec application de la messe capitulaire pour les bienfaiteurs. On garde les heures des offices en semaine.

31. Toussaint. — La veille, à 3 heures, on revêt le costume d'hiver. Office pontifical, le jour de la fête. Après le sermon, qui suit les Vêpres pontificales, chant des Vêpres des Morts. Le jour de la Toussaint, le Chanoine hebdomadier applique la Messe pour les Bienfaiteurs.

32. Commémoration des Morts. — Le 2 novembre, à 9 h. 1/2, récitation des Petites Heures. Après la Messe capitulaire chantée par l'Archiprêtre, absoute solennelle par Monseigneur l'Evêque.

Le soir, l'exercice de l'Octave des Morts est un office paroissial, auquel le Chapitre n'assiste pas.

33. Messes *pro defunctis.* — Le 3 novembre, la Messe capitulaire est chantée pour tous les Evêques, Chanoines, Curés, Bénéficiers attachés à la Cathédrale. L'honoraire de cette Messe est payé par le Trésorier de la Cathédrale. Cette Messe se célèbre après Prime ; elle est dite par le Chanoine hebdomadier.

Il en est de même pour la Messe anniversaire, prescrite par le Cérémonial des Evêques, pour l'âme du dernier Evêque défunt — et pour toutes les fondations faites au Chapitre. Ces Messes sont suivies de la récitation des autres Petites Heures.

34. Adoration perpétuelle. — Les cérémonies de l'ouverture et de la clôture de l'Adoration perpétuelle sont des Offices capitulaires, présidés par Monseigneur l'Evêque ou le Chanoine le plus digne.

Le jour de l'Adoration, la Grand'Messe et les Vêpres sont chantées par le Chanoine hebdomadier.

35. Immaculée-Conception. — Fête célébrée comme le dimanche, avec application de la Messe capitulaire à l'intention des Bienfaiteurs. A 3 heures, chant des Vêpres, suivies du Salut du Très Saint Sacrement.

36. Féries Majeures de l'Avent. — Les antiennes O sont chantées tous les soirs aux Vêpres ; elles sont entonnées par un Chanoine, à qui elles sont annoncées ; la première est chantée par le plus digne du chœur. Si Monseigneur l'Evêque assiste aux Vêpres, le dimanche, il entonne l'antienne O. La grosse cloche sonne pendant le chant de l'antienne.

37. Noël. — La veille, chant du Martyrologe à Prime, par le dernier Chanoine. Le soir, à 3 heures, récitation des Vêpres et des Complies A 10 h. 1/4, chant solennel des Matines présidées par le Chanoine le plus digne, parmi les présents au chœur. La Messe de Minuit est chantée par M. le Chanoine Archiprêtre. Elle est suivie du chant des Laudes.

Le jour de Noël, office pontifical. Après la Grand'Messe pontificale, Mgr l'Evêque donne la bénédiction papale. Le Chanoine hebdomadier applique la messe pour les Bienfaiteurs.

38. Les jours de **saint Etienne** et de **saint Jean,** les Offices sont célébrés comme le dimanche, la Messe capitulaire n'est appliquée à l'intention des Bienfaiteurs que le 26, fête de saint Etienne.

39. **Le 31 décembre,** après l'Office canonial du soir, Salut solennel pour demander pardon à Dieu des fautes commises et le remercier des grâces accordées pendant l'année.

Cet office capitulaire est présidé par le chanoine hebdomadier.

§ 5. — Administration des derniers Sacrements et obsèques des Chanoines de la Basilique-Cathédrale.

L'usage du Chapitre, depuis son érection par Mgr Rollet, est que le Viatique soit porté aux Chanoines titulaires et membres du Chapitre, par le Doyen.

L'Extrême-Onction leur est administrée par le Curé de la paroisse sur le territoire de laquelle ils résident.

Les obsèques des Chanoines titulaires ont lieu aux frais du Chapitre, en ce qui concerne le service intérieur, dans la Basilique-Cathédrale.

La Messe capitulaire est celle des obsèques ; elle se dit après None.

Les Petites Heures doivent être fixées une demi-heure avant le départ du clergé pour la maison mortuaire.

Le clergé de la ville est invité à assister aux obsèques des Chanoines titulaires. L'absoute est donnée par Monseigneur l'Evêque, quand il est présent à Montpellier.

Les messes des troisième, septième, trentième jour et anniversaire sont dites dans l'Eglise paroissiale sur le territoire de laquelle résidait le défunt.

Une délégation de deux membres du Chapitre, en costume de chœur, assiste aux obsèques de MM. les Curés de Montpellier.

Après le décès de chaque chanoine titulaire, les membres du Chapitre sont invités, sans qu'il y ait obligation grave, à célébrer une messe pour le repos de son âme.

TABLE DES MATIÈRES

BIBLIOTHÈQUE NATIONALE R.F.

MONTPELLIER
MANUFACTURE DE LA CHARITÉ
Pierre-Rouge

www.ingramcontent.com/pod-product-compliance
Lightning Source LLC
LaVergne TN
LVHW020454060726
842525LV00005B/1707